CATALOGUE

D'UNE COLLECTION

D'ESTAMPES

ANCIENNES

Des diverses Écoles

PARMI LESQUELLES ON REMARQUE UNE

BELLE RÉUNION DE PIÈCES PAR REMBRANDT

PORTRAITS ANCIENS

**Par Edelinck, Th. de Leu, Masson, Nanteuil,
Van Schuppen, les Wierix, etc. :**

Formant le reste du Cabinet du Docteur W***, d'Oxford *Wellesley*

ET

D'ESTAMPES MODERNES

Pour la plupart avant la lettre, provenant d'une autre Collection

DONT LA VENTE AUX ENCHÈRES PUBLIQUES AURA LIEU

HOTEL DES COMMISSAIRES-PRISEURS

Rue Drouot, n° 5

SALLE N° 3

Les Lundi 13, Mardi 14 & Mercredi 15 Février 1865,

A UNE HEURE

Me DELBERGUE-CORMONT, Commissaire-Priseur
rue de Provence, 8,

Assisté de **M. CLEMENT**, M^d d'Estampes de la Bibliothèque
impériale, rue des Saints-Pères, 3,

CHEZ LESQUELS SE DISTRIBUE LE PRÉSENT CATALOGUE

EXPOSITION PUBLIQUE

Le DIMANCHE 12 Février 1865, de une heure à quatre heures.

PARIS — 1865

ORDRE DES VACATIONS

1re VACATION. — *Lundi* 13 *Février* 1865.

Estampes diverses................	N^{os}	1 à	66
Portraits par Nanteuil............	—	495 à	545
Estampes modernes...............	—	331 à	373
Pièces par Rembrandt.............	—	168 à	210
Portraits par ordre alphabétique....	—	374 à	407

2me VACATION. — *Mardi* 14 *Février* 1865.

Estampes diverses................	N^{os}	67 à	141
Portraits par ordre alphabétique....	—	408 à	494
Pièces par Rembrandt.............	—	211 à	257
Portraits par Nanteuil	—	546 à	586

3me VACATION. — *Mercredi* 15 *Février* 1865.

Estampes diverses................	N^{os}	142 à	167
Id........................	—	293 à	330
Portraits par Nanteuil.............	—	587 à	635
Pièces par Rembrandt.............	—	258 à	292
Portraits par ordre alphabétique....	—	636 à	715

La vente des **Dessins** provenant de la même Collection aura lieu le SAMEDI 18 Février 1865, dans la même salle.

CONDITIONS DE LA VENTE

Elle sera faite au comptant.

Les Acquéreurs paieront en sus des adjudications CINQ pour CENT, applicables aux frais.

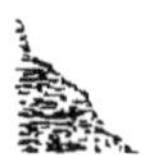

ESTAMPES ANCIENNES

1. **Adam** (P.). Les chaumières; marine, par Kobell; Paysage. 3 p.

2. **Bakhuizen** (L.). Différentes marines (B. 1-10). Suite de dix estampes, avec le portrait du maître, par J. Gole. Très-belles et anciennes épreuves.

3. — Paysage (B. 12). Très-belle épreuve. Collection W. Esdaile.

4. **Beham** (B.). Portrait de l'empereur Ferdinand Ier (B. 61). Belle épreuve.

5. — Sainte Famille. Pièce gravée sur bois.

6. **Berghem** (Nicolas). Les quatre sujets d'animaux, en largeur (B. 13 à 16). Anciennes épreuves.

7. **Binck** (Jacques). Portrait de Christian, roi de Danemark. Epreuve doublée et rognée par le bas.

8. — Bois (gravures sur). Vingt-cinq pièces gravées en Allemagne.

9. **Boldrini** (N.). Paysage à la femme qui trait une vache, d'après le Titien. Grande pièce gravée sur bois.

10. **Bolswert** (Schelte A.). La Vierge assise considérant l'enfant Jésus qui est adoré par une sainte, d'après Van Dyck. Très-belle épreuve.

11. **Bonnssme** (J.). La Vierge lavant les pieds à l'enfant Jésus, d'après J. Romain (B. 51). Belle épreuve.

12. — Les Amours des Dieux (B. 146, 148, 149, 151, 152, 159, 161, 162, 163). Neuf pièces et le titre de cette suite, très-rare ; le n° 159 est avant la lettre.

13. **Bos** (Balthasar). Le Jugement de Pâris. Pâris donnant la pomme à Vénus, en présence des dieux de l'Olympe. Grande pièce en largeur, portant la date de 1553. Très-belle épreuve.

14. **Bosse** (Abraham). Eventail représentant les quatre âges. (G. D. 1046). Charmante composition. Superbe épreuve. Très-rare.

15. — Le Prévôt des marchands, suivi des échevins de la ville de Paris, vient complimenter le roi Louis XIII, sur la prise de la Rochelle (G. D. 1187). Très-belle épreuve.

16. — Cérémonie observée au contrat de mariage passé à Fontainebleau, entre Uladislas IV, roi de Pologne, et Louise-Marie de Gonzague, princesse de Mantoue et de Nevers, le 25 septembre 1645 (G. D. 1223). Pièce capitale du maître. Magnifique épreuve.

17. **Bouttats** (G.). Démonstration de la victoire remportée par les armées allemande, espagnole et hollandaise, sur l'armée française, commandée par le prince de Condé, donnée entre Nivelle et Fontenay, le 12 août 1674 ; in-fol. obl. Rare.

18. **Boyvin** (René). Portrait de Philippe Melanch-
ton (R. D. 115). Belle épreuve.

19. — Sujet mythologique, d'après le Rosso. Pièce
en hauteur, non décrite.

20. **Bry** (Théodore de). Fond de coupe représentant des sujets allégoriques.

21. **Businck** (L.). Enée sauvant son père, d'après
Lallemant. Pièce imprimée en clair-obscur.

22. **Caraglio** (Jacques). L'Annonciation, d'après
Raphaël (B. 2). Superbe épreuve. Très-rare.

23. — Hercule terrassant le fleuve Achéloüs, d'après
maître Roux (B. 48). Belle épreuve.

24. — La Bataille au bouclier sur la lance, d'après
Raphaël (B. 59). Belle épreuve ; elle est doublée.

25. — L'Enlèvement des Sabines, d'après B. Bandi-
nelli (B. 63). Très-belle épreuve.

26. **Carrache** (Aug.). Les Armes du cardinal Fran-
ciotti (B. 171). Cette estampe est une des plus
belles et des plus rares de l'œuvre du maître
Belle épreuve ; mais elle est un peu endommagée

27. — Les petites pièces lascives (B. 123-135). Suite
de douze pièces. Les nᵒˢ 123, 124, 125, 129, 151
sont beaux d'épreuves, le nᵒ 132 est une copie.
Rares.

28. **Coek** (Exc). Deux intérieurs de salle de musée
représentant des statues antiques.

29. **Cort** (C.). Le Déluge. Pièce rare.

30. **Couway**. L'eau ; costume de femme du temps
de Louis XIII, d'après Gr. Huret. Belle épreuve.

31. **Cranach** (Lucas). La Sainte-Famille dans une salle (B. 5). — Saint Jérôme en pénitence dans le désert (B. 63). Deux pièces. Belles épreuves.

32. **Dujardin** (K.). Les deux hommes et la pierre dans l'eau (B. 10). Ancienne épreuve.

33. **Durer** (Albert). Adam et Ève (B. 1). Ep. faible.

34. — Jésus-Christ au jardin des Oliviers (B. 19).

35. — La face du Christ (B. 20). Très-belle épreuve.

36. — Le Christ les mains liées (B. 21). Planche gravée à l'eau-forte sur fer. Rare. Collection Maberly.

37. — Albert de Mayence, vu de profil (B. 104). Belle épreuve.

38. — Saint Barthélemy.—Saint Thomas (B. 47-48). Belles épreuves ; plus Saint Philippe et Saint Simon, copies.

39. — Saint Christophe (B. 52). Belle épreuve.

40. — Saint Georges à cheval (B. 54). Belle épreuve.

41. — Saint Hubert (B. 57). Très-belle épreuve ; elle est entièrement déchirée dans le bas de l'estampe et raccommodée avec beaucoup d'adresse.

42. — La Sorcière (B. 67). Très-belle épreuve. Collection du prince de Paar.

43. — L'Enlèvement d'Amymone (B. 71). Très-belle épreuve ; en haut deux petites restaurations dans le papier blanc.

44. — L'Oisiveté (B. 76). Très-belle épreuve.

45. — Le petit Courrier (B. 80). — La dame à cheval (B. 82). Deux pièces. Belles épreuves.

46. — L'Hôtesse et le cuisinier (B. 84). Superbe épreuve signée au verso P. Mariette, 1668.

47. — La même estampe. Belle épreuve. —

48. — L'Assemblée des gens de guerre (B. 38). Très-belle épreuve ; elle est doublée.

49. — Le Violent (B. 92). Très-belle épreuve. Collection Saint-Aubin.

50. — Les Offres d'amour (B. 93). Superbe épreuve. Collection Archinto.

51. — Philippe Mélanchton (B. 105). Epreuve faible.

52. — La Vierge à la couronne d'étoiles et au sceptre ; la Vierge embrassant l'enfant Jésus ; le Christ en croix ; la Sainte Face ; Saint Jérôme dans sa cellule. Cinq copies.

PIÈCES GRAVÉES SUR BOIS

53. — Adoration des Rois (B. 3). Très-belle épreuve.

54. — Les quatre chevaux de différentes couleurs (74). — La Bête qui a des cornes d'agneau (74). Deux pièces pour l'Apocalypse.

55. Le Martyre de Sainte Catherine (120). — Un homme à cheval allant au galop (131). Deux pièces. Belles épreuves.

56. — Rond représentant des dessins de broderies (143). Pièce rare.

57. — Sujets de la vie de la Vierge, de la Passion, le Jugement universel (124) ; armoirie de Hector Polner (163) ; un homme visant un luth (147) ; Sainte Catherine. Sept pièces.

58. — Sainte Barbe. — Sainte Catherine (B. app. 24 et 25). Belles épreuves.

59. — La Danse aux flambeaux (B. app. 38). Belle épreuve.

60. — Sujets pour la vie de la Vierge. Dix pièces anciennes d'épreuves.

61. **Durer** (Alb., attribué à). Le Christ en croix ; à droite Saint Jean, et à gauche la sainte Vierge. Composition dans une bordure d'ornementation ; au milieu du bas une tablette avec la date de 1521. Belle pièce tirée sur vélin. Rare.

62. — Sujets gravés par Marc-Antoine, et autres bois allemands. Neuf pièces.

63. **Earlom** (Richard). Vierge et l'enfant Jésus, d'après Sasso Ferrato. Belle épreuve avant la lettre.

64. **Ecole allemande.** Apollon écorchant Marsyas, par Meyer ; Tobie aveugle, par C. Matsys ; trois sujets, par Hopfer ; les Péchés capitaux, d'ap. Callot ; Saint Sébastien, copié d'ap. M. Zagel, etc. Quinze pièces.

65. **Ecole flamande.** Paysages gravés par Cock, Sadeler, C. Cort, etc. 45 pièces.

66. **Ecole hollandaise.** Deux petits paysages, dans le goût d'Everdingen ; ils sont rehaussés au lavis par le maître.

67. **Flamen** (Albert). Vue des moulins derrière les chartreux ; une partie du village de Gentilly ; Gentilly vu du chemin haut qui vient du faubourg Saint-Marceau ; le village de Chatillon vu du côté de Bagneux ; vue d'un moulin à fer, près Bar-sur-Seine ; vue d'un moulin à blé, près Bar-sur-Seine. 6 pièces. Belles épreuves.

68. **Genoels** (A.). Vue de jardins (B. 45 à 50). Suite de six pièces. Très-belles épreuves du premier état, avant l'adresse de Scotin. Etat inconnu à Bartsch.

69. **Ghisi** (J.-B.), dit le Mantouan. David coupant la tête à Goliath, d'après Jules Romain (B. 6.). Belle épreuve.

70. — Un Amour jouant du clavecin (B. 10). Très-belle épreuve.

71. — Un Soldat emmenant une femme avec lui, d'après J. Romain (B. 14). Belle épreuve.

72. — Le fleuve Pô (B. 19). Belle épreuve.

73. **Ghisi** (Georges). La Victoire (B. 34). Belle épreuve ; elle est doublée.

74. — Vénus au milieu des deux déesses et de deux amours, d'après le Primatice (B. 49). Très-belle épreuve.

75. — Une Déesse couchée sur son char, d'après le Primatice (B. 53). Très-belle épreuve.

76. — Vénus assise dans la forge de Vulcain, d'ap. Perino del Vaga (B. 54). Très-belle épreuve.

77. — Un Satyre cherchant à éveiller Silène endormi, d'après J. Romain (B. 55). Belle épreuve.

78. — Une jeune femme assise dans un bateau, dans lequel monte un homme portant un petit enfant, d'après J. Romain (B. 65). Belle épreuve; elle est doublée.

79. **Ghisi** (Adam). Enée portant son père Anchise (B. 9). Très-belle épreuve.

80. — Hercule étouffant le lion de Némée, d'après J. Romain (B. 21). Belle épreuve.

81. — Apollon dans son char précédé de l'Aurore, d'après J. Romain (B. 22). Très-belle épreuve.

82. — Bacchanale, d'après un bas-relief antique (B. 24). Très-belle épr. Collect. du comte de Fries.

83. — Trois hommes sacrifiant un porc, d'après J. Romain (B. 104). Très-belle ép.

84. **Ghisi** (Diane). Jésus-Christ renvoyant la femme adultère, d'après J. Romain (B. 4). Belle épreuve.

85. — La Vierge assise à terre caressant l'enfant Jésus (B. 13). Belle épreuve.

86. — Le Martyre de Sainte Catherine, d'après J. Romain (B. 27). Belle estampe. Superbe épreuve. Collection Th. Lawrence.

87. — Scipion l'Africain faisant rendre à son mari une femme captive, d'après J. Romain (B. 33). Très-belle épreuve provenant de la collection du comte de Fries.

88. **Goyen** (Jean Van). Le Clocher près de la rivière. Jolie eau-forte.

89. **Hogarth** (W.). Avant-Après, scènes de mœurs anglaises. Analyse de la beauté. 3 p. Belles épreuves.

90. **Hollar** (W.). Pierre-Paul Rubens, d'après Rubens, in-fol. Très-belle épreuve.

91. — Vue du portrait et d'une partie de la cathédrale d'Anvers. Une des plus belles pièces de l'artiste. Superbe épreuve du premier état, avec une seule ligne d'inscription.

92. — Vue du monastère de la B. Maria de Groenendael. Vue de la célèbre abbaye de Prémontré, de Tungerlao. 2 p. in-fol. obl.

93. — Vue de Wite-Hall ; portique d'après Elsheimer ; port. de Della-Bella. 3 p.

94. — Vües de Liége ; Rastadt ; Oldenbourg ; Cologne ; Cassel et autres 8 p. in-fol. obl.

95. **Hopfer** (Daniel). Ève (B. 2). Belle épreuve.

96. **Hondius** (H.). Les douze mois de l'année, d'après J. Wildens. Epreuves avec toutes marges.

97. **Jegher** (Chr.). Le Jardin d'amour, d'après Rubens. Grande pièce gravée en deux feuilles, dont nous n'avons que la partie droite.

98. **Lakow** (Thom.). Assemblée des Etats présidée par Sigismond III, à Moscou, in-fol. Rare.

99. **Lafrery** (excudit). Différentes figures d'animaux, d'après d'anciennes peintures à Rome. 3 p.

100. **Leclerc** (exc.). Réduction miraculeuse de Paris sous l'obéissance du Roy très-chrétien Henri IV, le 22 mars 1594. — Comme Sa Majesté le même jour étant à la porte St-Denis, vit sortir hors Paris les troupes que le Roy d'Espagne y entrenait. 2 p. d'après Bollery, sans les descriptions.

101. **Leyde** (Lucas de). La Promenade (B. 144). Belle épreuve.

102. — L'Opérateur (B. 157). Belle épreuve avec une petite marge.

103. — Retour de l'Enfant prodigue (78) ; Mars. Vénus et l'Amour (137). 2 p.

104. — Saint Jérôme. — L'Adoration des Mages. — Le grand Ecce-Homo et la Vierge au hibou, par Sadeler. 4 p.

105. **Lorch** (M.). La Taupe (B. 5). Rare.

106. Lucensi (Michael). La Présentation au temple, d'après J. Romain. Belle épreuve.

107. Maître au monogramme L.-C.-Z.-S., allemand du XVIᵉ siècle. Jésus-Christ tenté par le démon (B. T. VI, P. 361, nº 1). Belle épreuve ; elle est restaurée et doublée. Très-rare.

108. Maître anonyme de l'école allemande du XVIᵉ siècle. Saint Georges tuant le Dragon. Le saint armé de toutes pièces est à cheval et dirigé vers la droite ; dans le fond à gauche, sur une hauteur, la princesse est à genoux en prière ; au-dessus la vue d'une ville fortifiée. Pièce en larg. 175 millimètres, haut. 127 millimètres. Extrêmement rare.

109. Maître au monogramme du nom de Jésus Christ. Scipion accordant le pardon à des prisonniere, d'après J. Romain (B. 3). Estampe gravée à l'eau-forte. Belle épreuve mais doublée. Collection sir Mac Masterman Sykes Rare.

110. — La Sibylle Perse (B. 8). Rare. Epreuve du 1ᵉʳ état, avant le monogramme du maître.

111. — La Sibylle de l'Epire (B. 18). Belle épreuve.

112. Maître au monogramme B.-B. Le Satyre et la Nymphe (B. T. XV, p. 548, nº 1). Très-belle épreuve. Très-rare.

113. Maître au monogramme F.-G. Alexandre et Talestris, d'après le Primatice (B. T. IX, p. 25. nº 3). Superbe épreuve.

114. **Maître au monogramme H.-E.** Les Ven-
dangeurs (B. T. XV, p 464, n° 5). Estampe rare ;
elle est doublée à cause de plusieurs déchirures.

115. **Maître au monogramme J.-B. accom-
pagné d'un oiseau.** Priape et Lotis (B. 6.).
Estampe très-rare.

116. **Monogramme J.-H.-S.** Combat d'animaux.
Pièce de forme ronde. Belle épreuve.

117. **Maître au monogramme P.-B.** Hercule
étouffant le lion de Nemée, d'après A. Vénitien.
Petite pièce en hauteur.

118. **Maître au monogramme P.-S.** Chapiteau
de l'ordre Corinthien. Pièce non décrite par
Bartsch.

119. **Maître anonyme.** La Reine de Sabat allant
au-devant de Salomon. Petite pièce de forme
ronde gravée dans le goût de J. Gourmont.

120. **Maîtres anonymes de l'école de Marc-
Antoine Raimondi.** Diane et ses nymphes
au bain (B. T. XV, p. 40). Très-belle épreuve du
1er état, avant l'adresse de Lafreri.

121. — La Mort des enfants de Niobé (B. T. XV, p.
42, n° 13). Belle épreuve.

122. **Maîtres anonymes italiens du XVIe
siècle.** Deux statues de Thermes. Pièces gravées
dans le goût de Jean de Bresse. Belles épreuves.
Très-rares.

123. — L'Amour dans l'attitude de la souffrance, couché sur une guirlande de fruits soutenue, par
deux lions. Pièce anonyme dans le goût de D.
Campagnola. Larg. 100 milli., haut. 97 milli.

124. — Les Amours de Jupiter et Léda. Léda, assise à droite sur un banc et appuyée contre un arbre, est caressée par Jupiter sous la forme d'un cygne. Cette charmante estampe, portant le monogramme X. P. à la gauche d'en bas, a été décrite par Passavant, t. VII, p. 130. Très-rare.

125. — Portrait de Michel-Ange Buonarotti, vue de profil à l'âge de 71 ans. Très-belle épreuve. Collection sir Josua Reynolds. Rare. — Le même portrait. Epreuve faible.

126. — La Vierge de douleur assise dans un paysage. Pièce en hauteur portant le monogramme de G. Ghisi.

127. — LaVierge assise allaitant l'enfant Jésus. Petite pièce en hauteur gravée dans le goût de Adam Ghisi.

128. — LaVierge et l'enfantJésus au milieu d'une gloire d'Anges. Pièce gravée dans le goût du maître au Dé.

129. — Jésus-Christ présenté au peuple. Composition en larg. d'un grand nombre de figures. Pièce gravée dans le goût de Caraglio.

130. — Joseph et la femme de Putiphar. Pièce anonyme gravée dans le goût de J. Caraglio.

131. — Un homme à cheval se regardant dans un miroir. Jolie petite pièce anonyme gravée dans le goût de Marc-Antoine Raimondi.

132. — La Charité. Petite pièce en hauteur, dans le goût de Marc-Antoine Raimondi.

133. — La Charité. Petite pièce en hauteur,

134. — Didon se donnant la mort. Petite pièce en hauteur portant le monogramme de Marc-Antoine Raimondi.

135. — Saint Georges terrassant le Dragon. Petite pièce en hauteur.

136. — La Vierge, l'Enfant Jésus et saint Jean caressant un agneau au pied d'un gros arbre dans un paysage. Pièce gravée dans le goût d'Augustin Carrache.

137. — Sujet de l'histoire romaine. Pièce moyenne en largeur.

138. — Jeune homme nu ayant le bras gauche entortillé d'un serpent. Pièce en hauteur.

139. — Panneau d'ornement ; en haut deux génies debout sur des feuilles et en bas deux autres génies assis sur des sphinx. Pièce en hauteur dans le goût d'Augustin Vénitien.

140. — Portrait d'Aristote, gravé dans le goût de A. Vénitien.

141. — Offrande à Hercule. Femme attachée à un arbre. Jeune femme nue debout dans une niche.

142. **Mantegna** (André). Bacchanale au Silène (B. 20). Ancienne épreuve ; elle est doublée.

143. — **Martini** (P.-A.). The exhibition of the Royal academy, 1787, d'après H. Ramberg. Belle épr.

144. **Montaigne**. Marines et paysages. Suite de huit eaux-fortes. Très-belles épreuves.

145. **Moyaert** (C.). Pâtre gardant un troupeau. Pièce anonyme portant le monogramme C. M. 1638. Belle épreuve.

146. **Nieulant** (G.) Paysage. L'Ange et Tobie. 2 p., d'ap. P. Bril.

147. **Panneels** (G.). Portrait de Rubens, in-8. Très-belle épreuve.

149. **Patel** le père. La forêt (R. D. 2). Belle épreuve. Rare.

149. **Primatice** (François). Les deux femmes romaines (B. 1). Très-belle épreuve de la seule pièce gravée par le maître.

150. **Raimondi** (Marc-Antoine). Le sacrifice de Noé, d'après Raphaël, par Marc de Ravenne (B. 4). Très-belle épreuve signée au verso P. Mariette, 1676.

151. — Isaac bénissant Jacob, d'après Raphaël, par A. Vénitien (B. 6.). Belle épreuve du 1er état avec l'année 1522.

151. bis. — La même estampe. Epreuve du deuxième état.

152. — David coupant la tête à Goliath, d'après Raphaël (B. 10.) Belle épreuve.

153. — Elymas aveuglé par saint Paul, d'après Raphaël, par A Vénitien (B. 43.). Belle épreuve.

154. — Saint Jérôme à genoux, d'après Raphaël (B. 101). Belle copie en contre-partie d'une estampe des plus rares de l'œuvre de Raimondi.

155. — Jésus-Christ (124), l'Ange gardien (140), Saint Antoine de Padoue (142), Saint Job (153), Saint-Nicolas Tolentin (160), Sainte Hélène (178). Six anciennes copies.

156. — Saint Simon (133), Sainte Pétronille (183). —— Deux pièces.

157. — Saint Bennon (B. 143.) Très-belle épreuve.

158. — Léda (B. 232). Pièce libre gravée probable-
ment d'après J. Romain. Belle épreuve; mais
doublée et déchirée. Très-rare. Collection Sikes.

159. — Un Satyre se défendant pour une nymphe,
d'après Francia (B. 279). Epreuve faible et
doublée.

160. — Le Lever de l'aurore, d'après Raphaël (B. 293).
Belle épreuve.

161. — Les Termes et statues en gaînes (B. 301,
302 et 304). Belles copies.

162. — Le Satyre surprenant la nymphe (B. 319).
Belle épreuve; elle est doublée.

163. — La Charité, d'après Raphaël (B. 386). Superbe épreuve; avec une copie en contre-partie.

164. — La Foi, d'après Raphaël (B. 387). Belle épr.

165. — La Prudence, d'après Raphaël (B. 392). Superbe épreuve; avec une copie en contre-partie.

166. — Le Vieux berger (B. 409), par A. Vénitien.
Pièce rare.

167. — Le Jeune berger, par A. Vénitien (B. 458).
Très-rare épreuve avant divers travaux.

168. Rembrandt (Van Rhyn) Portrait de Rembrandt
aux trois moustaches (B. 2). Cl. 2. Morceau d'une
grande finesse. Très-belle épreuve.

169. — Portrait de Rembrandt avec le bonnet fourré
et l'habit noir (B. 6.) Cl. 6. Superbe épreuve.
Rare.

170. — Portrait de Rembrandt à la bouche ouverte
(B. 13). Cl. 13. Belle épreuve.

171. — Portrait de Rembrandt au manteau avec le collet pendant (B. 15). Cl. 15. Très-belle épreuve.

172. — Portrait de Rembrandt avec l'écharpe autour du cou (B. 17). Cl. 17. Très-belle épreuve.

173. — Portrait de Rembrandt et sa femme (B. 19). Cl. 19. Superbe épreuve. Rare à rencontrer de cette beauté.

174. — Le même portrait. Très-belle épreuve.

175. — Portrait de Rembrandt an bonnet orné d'une plume (B. 20). Cl. 20. Très-belle épreuve.

176. — Portrait de Rembrandt appuyé (B. 21) Cl. 21. Belle ép.

177. — Portrait de Rembrandt dessinant (B. 22). Cl. 22. Belle épreuve.

178. — Portrait de Rembrandt au bonnet fourré et habit blanc (B. 24). Cl. 24. Belle épreuve, avec marge.

179. — Adam et Eve (B. 28). Cl. 34. Superbe épreuve du premier état avec le reflet de lumière sur la cuisse d'Eve

180. — Abraham qui reçoit les trois anges (B. 29). Cl. 35. Belle épreuve.

181. — Agar renvoyée par Abraham (B. 30). Cl. 37. Morceau gravé d'une pointe légère et spirituelle. Très-belle épreuve, avec une petite marge.

182. — Abraham avec son fils Isaac (B. 34). Cl. 39. Superbe épreuve tirée avant que la planche ait été ébarbée.

183. — Jacob racontant ses songes devant sa famille (B. 37). Cl. 41. Belle épreuve. Collection Archinto.

184. — Jacob pleurant la mort de son fils Joseph (B. 38). Cl. 42. Belle épreuve tirée sur papier de soie.

185. — Joseph et la femme de Putiphar (B. 39). Cl. 43. Belle épreuve tirée sur papier de soie.

186. — Le Triomphe de Mardochée (B. 40). Cl. 44. Belle épreuve.

187. — Tobie le père, aveugle. (B. 42). Cl. 46. Belle épreuve.

188. — L'Ange qui disparaît devant la famille de Tobie (B. 43). Cl. 47. Très-belle épreuve avant les travaux à la pointe sèche à la gauche du bas de l'estampe.

189. — La même estampe. Belle épreuve du même état que la précédente.

190. — L'Annonciation aux Bergers (B. 44). Cl. 48. Très-belle épreuve.

191. — La même estampe. Belle épreuve.

192. — La Nativité (B. 45). Cl. 49 Belle épreuve avant que la tache blanche au haut de la planche ait été couverte.

193. — La Circoncision (B. 47). Cl, 51. Belle épreuve du premier état, avant les travaux à la pointe sèche vers le milieu du haut de la planche

194. — La Circoncision (B. 48). Cl. 52. Belle épreuve.

195. — Présentation au Temple (B. 49). Cl. 53. Belle épreuve.

193. — Présentation au Temple (B. 51). Cl. 55. Belle épreuve.

197. — Fuite en Egypte (B. 52). Cl. 56. Belle épreuve.

198. — Fuite en Egypte (B. 53). Cl. 57. Très-belle épreuve.

199. — Jésus-Christ au milieu des docteurs de la loi. (B. 66). Cl. 70. Belle épreuve. Ce morceau ne se rencontre jamais vigoureux, l'eau-forte n'ayant pas assez mordu.

200. — Jésus-Christ prêchant, ou la Petite tombe (B. 67). Cl. 71. Belle épreuve.

201. — Le Denier de César (B. 68). Cl. 72. Belle épreuve.

202. — Jésus-Christ guérissant les malades, ou la *Pièce de Cent florins.* (B. 74). Cl. 78. Très-belle épreuve du 1er état de Bartsch ; elle a une marge de 32 mill. en haut et en bas, et 14 mill. sur les côtés. Rare.

203. — La Samaritaine (B. 70). Cl. 74. Très-belle épreuve.

204. — Petite Résurrection de Lazare (B. 72). Cl. 76. Superbe épreuve avec une petite marge.

205. — Jésus-Christ dans le Jardin des Oliviers (B. 75). Cl. 79. Très-belle épreuve.

206. — Jésus-Christ présenté au peuple (B. 76). Cl. 80. Superbe épreuve d'un état intermédiaire entre le 2ᵉ et le 3ᵉ décrits, avant le nom de Rembrandt et l'année. Inconnu à Bartsch et à Chaussin. Collections W. Esdaille et d'Arozarena.

207. — La même estampe. Belle épreuve du 5ᵉ état.

208. — Jésus-Christ en croix entre les deux larrons. (B. 79). Cl. 84.

209. — Jésus-Christ en croix (B. 80). Cl. 85. Belle épreuve.

210. — Descente de croix (B. 83). Cl 87. Belle épr.

211. — Jésus-Christ au tombeau (B. 86). Cl. 90. Très-belle épreuve.

212. — Les Disciples d'Emaüs (B. 87). Cl. 91. Très-belle épreuve.

213. — Les petits disciples d'Emmaüs (B. 88). Cl. 92. Belle épreuve.

214. — Le Retour de l'Enfant prodigue (B. 91). Cl. 95. Très-belle épreuve.

215. — Pierre et Jean à la porte du Temple (B. 94). Cl. 97. Belle épreuve.

216. — La Mort de la Vierge (B. 99). Cl. 102. Très-belle épreuve.

217. — Saint Jérôme (B. 103). Cl. 103. Belle épreuve.

218. Saint Jérôme (B. 101). Cl. 104. Belle épreuve avant que le cintre ait été renforcé.

219. — Saint Jérôme (B. 103). Cl. 106. Magnifique épreuve tirée avec béaucoup de barbes. Collection du duc de Buckingham.

220. — Saint Jérôme (B. 105). Cl. 108. Belle épreuve.

221. — Saint François à genoux (B. 107). Cl. 110. Morceau très-rare. Très-belle épreuve.

222. — La Fortune contraire (B. 111). Cl. 113. Très-belle épreuve, avec le trait échappé au haut du mât, très-apparent.

223. — Chasse aux lions (B. 115). Cl. 117. Très-belle épreuve.

224. — Sujet de bataille (B. 117). Cl. 119. Belle épreuve.

225. — Le Jeu du Kolf (B. 125). Cl. 127. Belle épreuve.

226. — Le Vendeur de mort-aux-rats (B. 121). Cl. 123. Morceau d'une grande finesse et des plus recherchés du maître. Magnifique épreuve.

227. — La même estampe. Belle épreuve, avec une petite marge.

228. — Le Maître d'école (B. 128). Cl. 129. Belle épreuve. Collection d'Arozarena.

229. — Juif à grand bonnet (B. 133). Cl. 133. Très-belle épreuve.

230. — Figure polonaise (B. 140). Cl. 139. Belle épreuve.

231. — Homme méditant (B. 148). Cl. 145. Belle épreuve.

232. — Vieillard à courte barbe (B. 151). Cl. 148. Belle épreuve.

233. — Le Persan (B. 152). Cl. 149. Belle épreuve.

234. — Gueux et gueuse (B. 164). Cl. 161. Belle épreuve.

235. — Vieille mendiante (B. 170). Cl. 167. Belle épreuve.

236. — Mendiants à la porte d'une maison (B. 176). Cl. 173. Belle épreuve.

237. — L'Espiègle (B. 188). Cl. 185. Belle épreuve.

238. — Homme nu assis (B. 193). Cl. 190. Superbe épreuve ; mais elle est tachée d'huile. Collection du prince de Paar.

239. — Le Dessinateur, d'après le modèle (B. 192). Cl. 189. Belle épreuve.

240. — Figures académiques d'hommes (B. 19ᵢ). Cl. 191. Ancienne épreuve.

241. — Les Baigneurs (B. 195). Cl. 192. Première épreuve tirée sur papier de soie.

242. — Femme nue assise sur une butte (B. 198). Cl. 195. Très-belle épreuve. Collection Aylesford.

243. — Femme nue, les pieds dans l'eau (B. 200). Cl. 197. Superbe épreuve.

244. — La même estampe. Très-belle épreuve.

245. — Vénus au bain (B. 201). Cl. 198. Très-belle épreuve.

246. — Femme nue dormant (B. 204). Cl. 201. Très-belle épreuve du deuxième état, avec les bords de la planche raboteux et irréguliers.

247. — Négresse couchée (B. 205). Cl. 202. Belle épreuve.

248. — Le Pont de Six (B. 208). Cl. 205. Très-belle épreuve provenant des collections de Böhm et d'Arozarena.

249. — Le Paysage au dessinateur (B. 209). Cl. 216. Très-belle épreuve tirée avec barbes. Collection Van Os.

250. — Vue ancienne d'Amsterdam. (B. 210). Cl. 207. Superbe épreuve, elle est coupée dans la partie blanche du haut.

251. — Le Chasseur (B. 211). Cl. 208. Superbe épreuve du premier état, avant la maison et le grenier à foin, à gauche de la composition, avec une petite marge de 14 mill. Rare en cet état. Collection S. Festetits.

252. — Le Paysage aux trois arbres (B. 212). Cl. 209. Belle copie, par Louis Marvy.

253. — Le Berger et sa famille (B. 220). Cl. 117. Belle épreuve ; elle est doublée.

254. — Le Moulin, de Rembrand (B. 223). Cl. 230. Superbe épreuve, avec les taches de vernis, dans la partie blanche de la planche, très-apparentes ; elle a une marge de 12 mill. Rare en cet état.

255. — La Chaumière au grand arbre (B. 226). Cl. 223. Très-belle épreuve.

256. — Le Canal avec les cygnes (B. 235). Cl. 232. Très-belle épreuve tirée sur papier du Japon. Collection du prince de Paar.

257. — L'Abreuvoir de la vache (B. 237). Cl. 234. Belle épreuve.

258. — Homme avec chaîne et croix (B. 261). Cl. 258. Très-belle épreuve du deuxième état, avant les travaux prolongés au bord supérieur de la planche.

259. — Vieillard à grande barbe et bonnet fourré (B. 262). Cl. 259. Très-belle épreuve.

260. — Portrait de Jean-Antoine Vander Linden (B. 263). Cl. 261. Belle épreuve du deuxième état.

261. — Jeune Homme assis et réfléchissant (B. 268). Cl. 265. Très-belle épreuve ; elle est doublée.

262. — Portrait de Menassé Ben-Israël (B. 269). Cl. 266. Belle épreuve.

263. — Portrait de Clément de Jonge (B 272). Cl. 269. Très-belle épreuve. Collection d'Arozarena.

264. — Le même portrait. Epreuve de même qualité que la précédente.

265. — Portrait de Abraham France (B. 273). Cl. 270. Très-belle épreuve.

266. — Portrait de Jean Lutma (B. 276). Cl. 273. Très-belle épreuve.

267. — Wtenbogardus (B. 279). Cl 276. Superbe épreuve tirée avant que la planche ait été nettoyée et avec barbes ; elle a de la marge. Collection Aylesford.

268. — Le même portrait. Belle épreuve.

269. — Portrait de Jean Asselin (B. 277). Cl. 274. Très-belle épreuve.

270. — Homme en cheveux (B. 289). Cl. 286. Très-belle épreuve.

270 bis. — Le même portrait. Belle épreuve.

271. — Vieillard à grande barbe (B. 291). Cl. 288. Belle épreuve.

272. — Tête d'homme chauve (B. 292). Cl. 289. Très-belle épreuve.

273. — Vieillard chauve à courte barbe (B. 306). Cl. 302. Très-belle épreuve, avec les bords de la planche irréguliers et raboteux.

274. — Homme avec chapeau à grands bords (B. 311). Cl. 307. Très-belle épreuve.

275. — Vieillard à grande barbe (B. 312). Cl. 308. — Vieillard à barbe pointue (B. 315). Cl. 312. Deux pièces. Belles épreuves.

276. — Vieillard à grande barbe (B. 312). Cl. 308. Belle épreuve. Ce morceau est difficile à rencontrer vigoureux.

277. — Homme à moustaches et à grand bonnet (B. 321). Cl. 314. Belle épreuve du premier état.

278. — Vieillard à tête chauve (B. 324). Cl. 317. Belle épreuve.

279. — Tête grotesque (B. 327). Cl. 320. Belle épreuve.

280. — Buste de vieillard (B. 337). Cl. 328. Très-belle épreuve. Rare.

281. — La petite Mariée juive (B. 342). Cl. 332. Très-belle épreuve.

282. — Vieille femme assise (B. 344). Cl. 334. Superbe épreuve.

283. — Buste de la mère de Rembrandt (B. 349). Cl. 339. Superbe épreuve.

284. — Vieille qui dort (B. 350). Cl. 340. Charmante pièce d'une grande finesse. Superbe épreuve avec une petite marge.

285. — Femme coiffée en cheveux (B. 347). Cl. 337. Très-belle épreuve avec une petite marge. Rare.

286. — Tête de femme (B. 358). Cl. 348. Belle épreuve.

287. — Mauresse blanche (B. 357). Cl. 347. Belle épreuve.

288. — Griffonnements, où se voit la tête de Rembrandt (B. 363). Cl. 353. Belle épreuve.

289. — Feuille avec six têtes, au milieu desquelles est le portrait de la femme de Rembrandt (B. 365). Cl. 355. Très-belle épreuve avec une marge de 12 mill.

290. — La même estampe. Belle épreuve.

291. — Étude de trois têtes de femmes (B. 367). Cl. 357. Très-belle épreuve portant au *verso* le nom de *Mariette* et la date de 1666. Rare.

292. — Trois têtes de femmes, dont une qui dort (B. 368). Cl. 358. Belle épreuve.

293. **Reverdino** (G.). L'Ane instruisant les animaux (B. 24). Jolie pièce de forme ronde. Très-belle épreuve avec marge. Rare.

294. — Saint Joachim rencontrant sainte Anne. Grande pièce non décrite provenant de la collection Masterman Sikes.

295. **Roghman.** (G.). Suite de quatorze vues de Hollande (B. 1-14). Il manque le n° 13. Ces douze estampes sont gravées par Gertrude Roghman. Belles épreuves.

296. **Roos** (Jean-Henri). Différents animaux (B. 19 à 30). Suite de douze estampes. Belles épreuves avec les numéros.

297. **Rubens** (d'après). Notre-Dame de Halle. Grande composition sans nom d'auteurs. Rare.

298. **Sadeler** (Eg.). Les quatre Saisons, d'après P. Stephani.

299. — Les douze Mois de l'année, d'après P. Bril.

300. **Saft-Leven** (H.). La Femme trayant la vache (B. 34). Très-belle épreuve du 1ᵉʳ état, à l'eau-forte pure et avant le nom du maître.

301. — La même estampe. Belle épreuve uvec le nom du maître, mais avant l'adresse de R.-J. Ottens.

302. **Schongauer** (Martin). L'Annonciation (B.). Belle épreuve.

303. — La Flagellation (B. 12). Belle épreuve.

304. — La cinquième des vierges sages (B. 81). Très belle épreuve, signée au verso Robert Balmanne, London, 1828.

305. **Sichem** (Chr. van). Le Concert, d'après H. Goltzius. Pièce gravée sur bois.

306. **Stengel** et autres. Quinze paysages gravés à l'eau-forte.

307. **Stoek** (Ignace Van der). Deux paysages gravés à l'eau-forte. (Voir le catalogue Rigal.) Pièces très rares. Belles épreuves.

308. **Swanenburch** (C.) Les artificiels chariots à voiles du comte Maurice d'Orange, d'après J. de Gheyn. Grande pièce en largeur avec texte descriptif.

309. **Trente** (Antoine de). Hugo da Carpi et autres. La Sibylle Tiburtine, Diogène, Vénus et l'Amour, etc. Cinq pièces gravées en clair-obscur.

310. **Uden** (Lucas van). Paysage (B. 23). Très belle épreuve.

311. — Grand paysage (B. 48). Belle épreuve.

312. — Vue d'un couvent de capucins, d'après Rubens (B. 56). Belle épreuve.

313. **Vackguard**. Plante de fleurs. Belle épreuve.

314. **Vico** (Eneas). Le dieu Mars jouissant des embrassements de Vénus, d'ap le Parmesan (B. 27). Superbe épreuve avant que le groupe des deux personnages ait été remplacé par la figure de Vénus. Plus, une épreuve du deuxième état.

315. — Une vieille femme debout, filant au fuseau, d'après le Parmesan (B. 39). Belle épreuve. Coll. du comte de Fries.

316. — Différents vases dessinés d'après l'antique. Suite de quatorze pièces (B. 420-433). Nous en avons neuf, dont trois avant les numéros.

317. — Frise représentant des rinceaux d'ornements (B. 453). Belle épreuve,

318. **Velde** (J. Van). Laurent Coster, inventeur de la typographie, d'après J. Van Campen. — Deux vues intérieures des ateliers de typographie de Laurent Coster, à Harlem, en 1440. 3 p. in-4°. Très belles épreuves. Rares.

319. — Vue de la ville de Harlem; intérieur d'église, palais du roi; vue d'église, paysages, 6 p. Belles épreuves. — Trois des mêmes vues et deux autres paysages. 5 p. En tout 11 p.

320. **Visscher** (C.) Paysage d'après Vander Horst. Belle épreuve avant la lettre. Coll. W. Esdaile.

321. **Vivarès** (F.). Paysage d'après Hobbema; Rustic Travallers, d'après P. Potter. Deux pièces avant la lettre.

322. — Paysages d'après Rubens, F. Millet, Van der Neer, Patel et Smith. 5 fr. Belles épreuves.

323. Paysages d'après Patel, Wooton, Martorelli, Van der Neer, etc. 7 pièces.

324 — Paysages à l'état d'eau-forte et non terminés. 9 pièces.

325. **Vosterman** (L.). Le Christ mort sur les genoux de la Vierge, d'après Van Dyck. Très belle épreuve.

326. **Weinher** (Pierre). Trophée d'armes ou Assemblage de différentes armes, dans un montant d'ornements cintré, d'après Wechinger. Pièce portant la date de 1559 et décrite par Brulliot (1er part., n° 2540). Très belle épreuve.

327. **Wyck** (Th.). La Colonnade (B. 8). Très belle épreuve.

328. — Pièce historique sur l'alliance d'Édouard, roi d'Angleterre et Charles V, roi de France. Sujet entouré d'ornements.

329. — Vues de Séville : Temple d'Ignace de Loyola, Hôtel de ville, Hôpital Saint-Grégoire; Couvent de la Rédemption, 5 p.

330. — Vues de Rome, Bologne et Florence. 5 p.

ESTAMPES MODERNES

331. **Audouin** (Pierre). Vénus blessée, d'après Raphaël. Belle épreuve.

332. **Chatillon**. Endymion, d'après Girodet. — Héro et Léandre, par Laugier, d'ap. Delorme. 2 p.

333. **Desnoyers** (Auguste Boucher, baron). La Vierge au Donataire, dite de Foligno, d'après Raphaël. Belle épreuve avec grande marge.

334. — La Vierge au linge, d'après Raphaël. Belle épreuve avec toute sa marge.

335. — La Vierge à la chaise, d'après Raphaël. Belle épreuve avec toute sa marge.

336. — Bélisaire, d'après Gérard. Belle épreuve avec toute sa marge.

337. **Dupont** (Henriquel). Portraits de Montaigne, Hussein-Pacha et autre 3 p. avant la lettre.

338. **Fauchery**. Valentine de Milan, d'après Richard. Belle épreuve d'artiste, sur papier de Chine.

339. **Forster** (F.). La Vierge à la légende, d'après Raphaël. Très belle épreuve avant la lettre, sur papier de Chine, portant le n° 52, et avec une dédicace autographe du graveur ; elle a toute sa marge.

340. — Le Christ en croix, d'après Sébastien del Piombo. Belle épreuve avant la lettre, sur papier de chine, portant un autographe d'envoi du graveur.

341. **François** (Alphonse). Portrait du Titien, d'après lui-même. Très belle épreuve avant toutes lettres et avant la bordure, sur papier de Chine.

342. **Jesi** (S.). Portrait de Léonard de Vinci, d'après Vasari. Très belle épreuve avant la lettre, sur papier de Chine.

343. **Johannot** (Tony et Alfred). Les Enfants surpris par l'orage. — Les Enfants du marin. 2 p. faisant pendant, d'après A. Scheffer. Belles épreuves avant la lettre, sur papier de Chine.

344. **Knolle** (Fr.). Sainte Cécile, d'après Carle Dolci. Belle épreuve d'artiste, sur papier de Chine

345. — Le Denier de César, d'après le Titien. Belle épreuve d'artiste.

346. **Krugger**. Martyre de deux saints, d'après un carton d'Overbeck, épreuve avant la lettre. — La Piété, d'après Führich. 2 p.

347. **Lefèvre** (Achille). Sainte Cécile, d'après Raphaël. Très-belle épreuve avant la lettre, sur papier de Chine; elle a toute sa marge.

348. — La Nativité, d'après le Corrège. Pièce connue sous le nom de *la Nuit du Corrège*. Très belle épreuve d'artiste, sur papier de Chine; elle a toute sa marge.

349. — La Vierge sur des nues. Pièce connue sous le nom de *saint Sébastien*. Très belle épreuve d'artiste sur papier de Chine; elle est en feuille.

350. — Jupiter et Antiope, d'après le Corrège. Très belle épreuve d'artiste, sur papier de Chine; elle est en feuille.

351. Louis-Philippe présidant un conseil dans une des salles du Palais des Thuilleries. Belle épreuve avant toutes lettres, sur papier de Chine.

352. — Portrait de la reine Marie-Amélie, d'après Winterhalter; belle épreuve d'artiste, sur papier de Chine.

353. — Portrait de la duchesse d'Orléans tenant le comte de Paris enfant, d'après Winterhalter. Belle épreuve d'artiste, sur papier de Chine.

354 — Portrait du général Lefèvre, d'après **H.** Vernet. Belle épreuve d'artiste, sur papier de Chine.

355. — Le roi de Rome couché sur un berceau dans une forêt, d'après Prud'hon ; épreuve avant la lettre.

356. — Portrait en pied d'un personnage, en costume militaire pour le sacre de Charles X ; épreuve d'artiste, sur papier de Chine.

357. **Leroux.** Portrait de Lafayette, d'après **A.** Scheffer ; belle épreuve avant la lettre, sur papier de Chine.

358. **Leisnier.** La Fornarina, d'après Raphaël ; belle épreuve avant la lettre, sur papier de Chine.

359. — Portrait de Michel Cervantes, d'après Velasquez ; belle épreuve sur papier de Chine.

360. **Lemaître.** Le Berger et la Mer, d'après Turpin de Crissé ; paysage avant la lettre, sur papier de Chine, 2 p.

361. **Lignon.** (Fr.), La Vierge au poisson, d'après Raphaël ; épreuve avant la lettre.

362. — Nicolas Poussin, d'après lui ; épreuve lettres grises, toute marge.

363. **Morghen.** (R.) La famille Holstein Beck, d'après A. Kauffman ; belle épreuve.

364. **Pelée** (P.) F. Assassinat du président Duranti d'après Paul Delaroche ; belle épreuve avant la lettre ; elle est en feuille.

365. **Prévost** (Z.) ; Corinne au cap Misène, d'après Gérard, très-belle épreuve d'artiste, sur papier de Chine ; elle a toute sa marge.

366. **Richomme** (J. Th.). Le Triomphe de Galathée, d'après Raphaël; belle épreuve avec grande marge.

367. **Tardieu** (P. A.). Portraits du comte d'Arondel, d'après Van Dyck; avant et avec la lettre. Henri IV, d'après Porbus. 3 p.

368. **Vallot**. Napoléon visitant le champ de bataille d'Elyau, d'après Gros, très-belle épreuve d'artiste, portant un autographe d'envoi du graveur; elle a toute sa marge.

369. **Wolff**. J. La Bataille d'Iéna, épreuve avant la lettre.

370. Portraits de Talma, Mlle Mars, Louis-Philippe, Chateaubriant avant la lettre, Broussais avant la lettre et autres. 8 p.

371 Portrait de Napoléon par Richomme, Washington par Blanchard, Henri IV par Forster. 3 p.

327. Trois petites vignettes d'après Prud'on, Portrait de Voltaire par Petit, avant la lettre.

373. Vignettes Anglaises avant et avec la lettre. 30 p.

PORTRAITS ANCIENS

374. **Aldegraver** (Henri). Son Portrait à l'âge de XXVIII ans, une copie d'un autre portrait âgé de XXXV ans.

375. **Anonyme**. Portrait de Henri Goltzius, âgé de 61 ans, in-4. Très-belle épreuve.

376. **Aubert** (M.) Louis XV, roi de France, à cheval, d'après Le Sueur, in-fol. Belle épreuve.

377. **Balechou** (Jean-Joseph.). Crébillon (Prosper Jolyot de), de l'Académie française, d'après Aved, gr. in-fol. Très-belle épreuve.

378. — Don Philippe, infant d'Espagne, d'après Viali, in-fol. Belle épreuve.

379. **Beatrizet** (Nicolas). Henri II, roi de France, dans un ovale au milieu d'un encadrement (B. 3,) Belle épreuve ; elle est doublée.

380. **Blotelingh** (A.). Egbert Meesz Kortenaer, amiral de Hollande, d'après Van der Helst ; belle épreuve.

381. **Boyvin** (Réné). Clément Marot, poëte français, in-4. (R. D. 112). Belle épreuve.

382. **Carmona** (M. S.). François Boucher, peintre, d'après Roslin, in-fol. Belle épreuve.

383. **Chereau** (F.). Geoffroy (Étienne-François), médecin de Paris, d'après Largillière, in-fol. Belle épreuve.

384. — Madame de Parabère, tenant un oiseau, d'après Van Loo, in-fol. Belle épreuve.

385. **Cossin** (L.). Chauveau (François), de l'Académie Royale, d'après Lefebvre, in-fol. Belle épr.

386 **Dalen** (Corneille Van). Pierre Arétin, Sébastien del Piombo ; Georges Barbarelli dit le Giorgion ; et Jean Boccace, quatre beaux portraits d'après le Titien ; les deux premiers sont avec la lettre et les deux autres sont privés de marge, ce qui empêche de préciser exactement l'état. Très-belles épreuves.

387. **David** (A.) Richelieu en pied, tenant un lion et un aigle enchaînés, in-fol. Belle épreuve.

388. **Daullé**. Catherine Mignard, comtesse de Feu-quière, in-fol. Belle épreuve.

389. — Jean-Baptiste Coignard, imprimeur, d'après Voirieau, in-fol. Belle épreuve avec marge.

390. — Gauffecourt (N. de), citoyen de Genève, d'a-près Nonnote, in-fol. Belle épreuve.

391. **De Marcenay**. Turenne, d'ap. Ph. de Cham-pagne; le maréchal de Saxe, d'après Liotard. 2 p. in-8.

392. **Drevet** (Claude). Vintimille (Charles-Gaspard-Guillaume de), archevêque de Paris, d'après Ri-gaud, in-fol. Belle épreuve.

393. **Drevet** (Pierre). Arnauld (Antoine), assis dans sa bibliothèque, d'après Champagne jeune, in-fol. Belle épreuve.

394. — Beauveau (René-François de), archevêque de Narbonne, d'après Rigaud, in-fol. Très-belle épreuve.

395. — Bignon (Jean-Paul), abbé de Saint-Quentin, d'après Rigaud, in-fol. Belle épreuve.

396. — Fourcy (Balthasar-Henri de), abbé de Saint-Wandrille, d'après Rigaud, in-fol. Belle épreuve avec marge.

397. — Dombes (Louis-Auguste de Bourbon, prince de), d'après Fr. de Troy, in-fol. Très-belle épreuve avec marge.

398. — Lambert (Nicolas), président en la Chambre des Comptes, d'après Largillière, in-fol. Très-belle épreuve.

399. — Würtemberg (Christine-Caroline, margrave de Brandebourg, duchesse de), in-fol. Très-belle épreuve avec marge.

400. — Portail (Antoine), premier président du parlement de Paris, d'après P. Tournier, in-fol. Très-belle épreuve avec marges.

401. — Gillet (Pierre), procureur, d'après Rigaud, in-fol. Très-belle épreuve.

402. Girardon (François), sculpteur, d'après Jos. Vivien, in-fol. Belle épreuve.

403. **Drevet** (Pierre-Imbert). Bossuet (Jacques-Bénigne), évêque de Meaux. Beau portrait en pied, d'après Rigaud. Très-belle épreuve avec cinq points après le mot *pinxit*.

405. — Lilliensledt (Jean-Paul), supérieur du tribunal de Wismar, d'après Schild, in-fol. Belle épr.

05. — Orléans Elisabeth - Charlotte, palatine du Rhin, duchesse d'), d'après Rigaud, in-fol. Belle épreuve.

406. — Orléans (Louise-Adélaïde d'), abbesse de Chelles, d'après Gobert, in-4°. Très-belle épreuve.

407. **Duchange**. Charles Delafosse, peintre, d'après Rigaud. in-fol. Belle épreuve avec marge.

408. **Dyck** (Antoine Van). Vos (Guillaume de). (W. 19). Belle épreuve du 4ᵉ état.

PORTRAITS GRAVÉS D'APRÈS ANTOINE VAN DYCK

Pour les éditeurs MARTIN VAN DEN ENDEN, GILLIS HENDRICX,
JEAN MEYSSENS et autres.

409. **Bolswert** (Schelte A.). Barbe (Jean-Baptiste). (W. 3). Brouwer (Adrien) (4). Pepyn (Martin) (6). gr. m. Trois pièces.

410. — Urancx (Sébastien) (7). Très-belle épreuve du 3e état, avec les initiales G. H.

411. **Jode** (Pierre de). Adam Coster (15). gr. m. Puteanus (Erycus, 20). gr. m. Tuldenus (Diodore, 23). Trois pièces.

412. **Pontius** (Paul). Scaglia (César-Alexandre) (47). Très-belle épreuve, avec les initiales G. H. Le même portrait.

413. — Segers (Gérard) (49). Très-belle épreuve, tirée sur papier à la folie., gr. m.

414. — Saïlbent (Adrien Van) (50). Steenwck (51). Deux portraits, avec grandes marges.

415. — Scaglia (César-Alexandre) (47). Vanloon (Théodore Van) (52). Vos (Simon de) (53). Trois portraits, le second avec grandes marges.

416. **André Stock**. Pierre Snayers (57). Kenelme Digbi (58), par Van Voerst, gr. m. Deux portraits

417. **Vosterman** (Lucas). Cachopin (Jacques de) (62). Très-belle épreuve du 2e état, avec l'adresse de Martin Van den Enden.

418. — Cachopin (Jacques de). Callot (Jacques) (63). Gr. m. Deux portraits.

419. — Coeberger (Venceslas) (64). Gaston de France, duc d'Orléans (70). Deux portraits.

420. — Livens (Jean) (73). Très-belle épreuve du premier état, avant le nom du graveur.

421. — Milder (Jean Van) (75). Schut (Corneille) (79). Henri Liberti, par Pierre de Jode. Trois portraits, avec grandes marges.

422. — Sachtleven (Corneille) (78). Uden (Lucas Van) (82). Vos (Corneille de) (83). Gr. m. Trois portraits.

423. — Arenberg (Marie, comtesse d'), par Paul Pontius. Très-belle épreuve du 1er état, avec l'adresse de J. Meyssens.

424. — Pierre de Jode, le jeune, par Pierre de Jode. Superbe épreuve tirée sur papier à la folie, m.

425. — Antoine de Bourbon. Honoré d'Urfé, par F de Baillie. Deux portraits.

426. — P. de Jode, par Vosterman. Belle épreuve .. papier à la folie.

427. — Ertvelt (André Van), par Schelte a Bolswert. Daniel Segers, d'après J. Livens, par P. Pontius. Epreuve avec l'adresse de Martin Van den Enden. Deux portraits.

428. — Christian, duc de Brunswig et de Lunébourg, par Van Voerst. Frédéric-Henri, prince d'Orange, par C. Waumans. Deux portraits.

429. — Isabelle-Claire-Eugénie, infante d'Espagne, par Vosterman. Marie Stuart, comtesse de Portland. Deux portraits.

430. **Edelinck** (Gérard). Bragance (Isabelle de), infante de Portugal, d'après Trudon (160). Très-belle épreuve.

431. — Brûlart de Sillery (Fabio), évêque de Soissons, d'après Rigaud (161). Belle épreuve.

432. — Colbert (Jean-Baptiste-Michel), archevêque de Toulouse, d'après Largillière (172). Belle épreuve.

433. — Desjardins (Martin Vanden Bogaert), célèbre sculpteur, d'après Rigaud (182). Belle épreuve.

434. — Estrées (César d'), cardinal-évêque d'Albano, d'après de Troy (197). Très-belle épreuve.

435. — Furetière (Antoine), membre de l'Académie française, d'après Desève (209). Très-belle épr.

436. — Galles (Jacques-François-Edouard, prince de Galles), enfant, d'après Largillière (210). Belle épreuve.

437. — Goltzius (Henri), peintre et célèbre graveur (216). Belle épreuve.

4 8. — Léonard (Frédéric), imprimeur (242). Poisson, comédien (299). 2 p.

439. — Mansart (Jules-Hardouin), surintendant des bâtiments du Roi, d'après Rigaud (268). Belle épreuve.

440. — Moreri (Louis), auteur du Dictionnaire historique (280). Belle épreuve.

441. — Mouton (Charles), musicien de Louis XIV, d'après de Troy (281). Très-belle épr. du 2ᵉ état.

442. — Pierre II, roi de Portugal (296). Très-belle épreuve.

443. — Poisson (Raimond), comédien (299). Mouton (Charles), musicien (281). 2 p.

444. — Rigaud (Hyacinthe), peintre, d'après lui (303). Très-belle épreuve, mais elle est tachée.

445. — Sousy (Michel Lepeltier, seigneur de), intendant des finances, d'après Van Oost (322). Très-belle épreuve.

446. **Edelinck** (Nicolas). Guilleaumont (François), tapissier de l'Université de Paris, d'après Vivien, in-fol. Très-belle épreuve.

447. **Falck** (J.). Achætius de Przylek Przylecki, d'après Schultz, in-fol. Belle épreuve, mais tachée.

448. **Fessard** (Et.). Etienne-François de Choiseul, duc de Choiseul-Amboise, ministre d'Etat, d'après Vanloo, in-fol. Belle épreuve avec marge.

449. **Flippart** (J.-J.). Greuze (J.-B.), peintre, d'après lui, médaillon in-4. Très-belle épreuve avec marge.

450. **Frosne** (J.). Louis XIV (Statue de), terrassant un guerrier, in-fol. Belle épreuve.

451. **Fruytiers** (Ph.). Godefroi Wendelini, célèbre savant, in-4.

452. **Gole**. Caricature sur Louis XIV. Manière noire, in-4. Belle épreuve avant la lettre.

453. **Goltzius** (H.). Portrait de Juste Lipse (B. 209). Belle épreuve, signée au verso P. Mariette, 1670.

454. **Grignon** (J.). Vendosme (César, duc de), fils naturel de Henri IV et de Gabrielle d'Estrées, d'après Mignard, in-fol. Belle épreuve.

455. — Montpezat (Jean de Carbon de), archevêque de Bourges, d'après Blanuin, in-fol. Très-belle épreuve.

456. **Gunst** (P.). Malborough (Jean, duc de), d'après Vander Werff, gr. in-fol. Très-belle épreuve avec marge.

457. — Portraits relatifs à l'histoire d'Angleterre, d'après Ad. Vander Werff, gravés par Gunst, Vermeulen et autres. Dix-sept portraits, in-fol.

458 **Hollar** (Wenceslas). Pietro Aretino, d'après le Titien, in-4°. Très-belle épreuve du 1er état, avec deux lignes d'inscription.

459. **Holsteyn** (Corn.). Isabelle d'Est, femme de François de Gonzague, d'après J. Romain. Très-belle épreuve avant l'adresse de F. de Wit.

460. **Hondius** (Guillaume). Isabelle-Claire-Eugénie, infante d'Espagne, d'après Ant. Van Dyck. Superbe épreuve.

461. **Larmessin** (N. de) Marie, princesse de Pologne, reine de France, en pied, d'après Vanloo, in fol. Très-belle épreuve.

462. — Claude Hallé, peintre, d'après le Gros, in-fol. Belle épreuve.

463. **Lasne** (Michel). Richelieu, en pied, tenant par la chaîne un lion et un aigle, in-fol. Belle épreuve, mais endommagée sur le côté droit.

464. **Le Bas** (J.-P.). Robert le Lorrain, sculpteur, d'après Drouais, in-fol. Belle épreuve avec marge.

465. **Le Beau**. France (Louise-Marie de), fille de Louis XV, médaillon in-4, d'après Queverdo. Belle épreuve.

466. **Leu** (Th. de). Albret (Jeanne d'), reine de Navarre, in-8. Belle épreuve.

467. — Bourbon (Charles de), cardinal archevêque de Rouen, proclamé roi pendant la Ligue, sous le nom de Charles X, in-8. Très-belle épreuve. Rare.

468. — Bourbon (Charles de), grand maréchal de France, in-8. Superbe épreuve, signée au verso P. Mariette, 1670.

469. — Bourbon (François de), prince de Conti, in-8. Très-belle épreuve.

169 *bis*. — Le même portrait. Belle épreuve.

470. — Gonzague (Charles de) et de Clèves, duc de Nevers, âgé de 18 ans, in-8. Belle épreuve.

471. — Le même personnage, plus âgé, in-8. Superbe épreuve signée au verso P. Mariette, 1679.

472. — Le même portrait. Très belle épreuve. —

473. — Joyeuse (Anne, duc de), pair et amiral de France, in-8. Belle épreuve.

474. — Lorraine (Henri, prince de), marquis du Pont, in-8. Belle épreuve.

475. — Scudalvpis (don Petrus Arlensis), in-8. Épr. superbe.

476. **Liefrinck** (Hans). Henri II, roi de France, en pied, in-fol. Très-belle épreuve.

477. — François II, roi de France; Marie Stuart. Deux portraits in-fol. Très-belles épreuves. Ces trois portraits sont rognés en haut et en bas de l'estampe.

478. **Livens** (Jean). Portrait de Daniel Heinsius. Superbe épreuve avec l'adresse de Martin Van den Enden.

479. **Lochon** (R.). Thou (Jacques-Augustin de), président au Parlement de Paris, d'après Du Monstier, in-fol. Très-belle épreuve.

480. **Lombart** (Pierre). Grammont (Antoine de), maréchal de France, d'après W. Vaillant, in-fol. Très-belle épreuve.

481. — Chassebras (Gabriel), de la Grand'Maison, conseiller en la cour des Monnaies, in-fol. Superbe épreuve.

482. **Louys** (J.). François-Thomas de Savoie, d'après Van Dyck. Belle épreuve avec marge.

483. **Masson** (Antoine). Chevreuse (Charles-Honoré-d'Albert, duc de) (17). Belle épreuve.

484. — Cureau de la Chambre (Marin), d'après Mignard (24). Epreuve du second état.

485. — Louis-Auguste, duc du Maine, colonel-général des Suisses et Grisons (47). Belle épreuve.

486. — Marie-Thérèse d'Autriche, reine de France, d'après Mignard (49). Buste fort comme nature. Très-belle épreuve.

487. — Péréfixe (Hardouin de Beaumont de), archevêque de Paris (61). Epreuve du deuxième état.

488. **Matham** (J.). Portrait de Jean Van Velde, célébre calligraphe et graveur hollandais, in-4. Très-belle épreuve, non décrit par Bartsch.

489. **Meerlen** (Th. Van). Harlay (Jacqueline de), dame d'Halincourt; Harlay (Louise de), femme de messire Louis de Moy. 2 p. in-fol.

490. **Morin** (Jean). Arnaud d'Andilly, conseiller du roi (42). Belle épreuve.

491. — Henri IV, roi de France (60). Belle épreuve; elle est un peu rognée.

492. — Honorine de Grimberghe (56) ; Villemontée (86) ; François Iᵉʳ, par N. de Platte-Montagne. 3 pièces.

493. **Muller** (Jean). Isabelle-Claire-Eugénie, infante d'Espagne, d'après Rubens, in-fol. Belle épreuve.

494. — Johannis Neyen d'Anvers, d'après M. Mireveldt, in-fol. Belle épreuve.

495. **Nanteuil** (Robert). Amelot (Michel), archevêque de Tours (21).

496. — Anne d'Autriche, reine de France (22).

497. — Autriche (Anne d'), reine de France (23). Buste fort comme nature. Belle épreuve.

498. — Arnauld de Pompone (Simon), ministre d'État (24). Belle épreuve.

499. — Bailleul (Louis de), président à mortier, au Parlement de Paris (27). Très-belle épreuve du premier état.

500. — Barrillon de Morangis (Antoine), conseiller d'État (31). Très-belle épreuve.

501. — Beaumanoir de Lavardin (Philibert-Emmanuel de), évêque du Mans (34). Belle épreuve du premier état.

502. — Le même personnage (35). Superbe épreuve du premier état.

503. — Bellièvre (Pompone de), premier président au Parlement de Paris (36). Chef-d'œuvre du graveur. Très-belle épreuve.

504. — Blanchart (François), abbé de Sainte-Geneviève (39). Belle épreuve du premier état.

505. — Blondeau (François), président de la Chambre des Comptes (40). Belle épreuve.

506. — Blondel (David), ministre protestant et historien (41). Belle épreuve.

507. — Boileau (Gilles), greffier de la grand'chambre du Parlement de Paris (43). Belle épreuve du deuxième état.

508. — Bossuet (Jacques-Benigne), évêque de Condom et de Meaux (45). Belle épreuve du premier état.

509. — Boucherat (Louis), chancelier de France (46).

510. — Bouchu (Pierre), abbé de Clairvaux (47). Belle épreuve du premier état.

511. — Bouillon (Frédéric-Maurice de la Tour-d'Auvergne, duc de) (49). Très-belle épreuve.

512. — Bouillon (Godefroi-Maurice de la Tour-d'Auvergne, duc de), grand chambellan de France (50). Superbe épreuve du deuxième état (il y en a sept). Rare. —

513. — Bouillon (Emmanuel-Théodore de la Tour-d'Auvergne, cardinal de) (51). Très-belle épreuve du premier état.

514. — Le même personnage (52). Belle épreuve du premier état.

515. — Bouthillier (Victor Le), archevêque de Tours (54). Très-belle épreuve

516. — Le même personnage (55). Très-belle épreuve du premier état.

517. — Le même portrait. Epreuve du même état que le précédent.

518. — Bragelogne (Marie de), veuve de Claude Le Bouthillier, surintendant des finances (57). Belle épreuve.

519. — Castelnau (Jacques, marquis de), maréchal de France (58). Très-belle épreuve.

520. — Chapelain (Jean), membre de l'Académie française (60). Belle épreuve du deuxième état.

521. — Charles II, de Gonzague, duc de Mantoue (62). Belle épreuve.

522. — Charles V de Lorraine (63). Belle épreuve.

523. — Chaulnes (Charles-d'Albert-d'Ailly, duc de) (65). Belle épreuve du premier état.

524. — Chavigny (Léon Lebouthillier, comte de), ministre d'État (66). Très-belle épreuve.

525. — Christine, reine de Suède (67). Très-belle épreuve.

526. — Coislin (Pierre du Cambout, cardinal de (69). Belle épreuve du premier état.

527. — Colbert (Jean-Baptiste), contrôleur général des finances (74). Belle épreuve du troisième état.

528. — Le même personnage (76). Buste fort comme nature. Belle épreuve.

629. — Colbert (Jacques-Nicolas), archevêque de Rouen (77). Buste fort comme nature. Très-belle épreuve.

530. — Condé (Louis de Bourbon, deuxième du nom, prince de) (79). Belle épreuve.

531. — De Sève (Alexandre), conseiller d'Etat (82). Très-belle épreuve.

532. — Doni-d'Attichy (Louis), évêque d'Autun (83). Belle épreuve.

533. — Dulieu de Chenevaux (François-Antoine), maître des Comptes (85). Très-belle épreuve.

534. — Dunois (Jean-Louis-Charles-d'Orléans-Longueville), comte de (86). Belle épreuve.

535. — Dupuy (les deux frères Pierre et Jacques),
sur la même planche (89). Belle épreuve du premier état.

536. — Enghien (Henri-Jules de Bourbon, duc d')
(90). Très-belle épreuve.

537. — Estrées (César, cardinal d') (92). Très-belle
épreuve.

538. — Feret (Hippolyte), curé de Saint-Nicolas-du-
Chardonnet (95). Belle épreuve du premier état.

539. — Fouquet (Basile), abbé de Barbeaux (97).
Très-belle épreuve.

540. — Fronteau (Jean), chanoine de Ste-Geneviève
(99). Belle épreuve du premier état.

541. — Furstemberg (Guillaume-Egon, cardinal de)
(100). Belle épreuve.

542. — Gillier (Melchior de), maître d'hôtel du roi
(102). Très-belle épreuve.

543. — Gillier (Madame de) (103). Belle épreuve.

544. — Guébriant (Jean-Baptiste de Budes, comte de),
maréchal de France (104). Belle épreuve du premier état.

545. — Guénault (François), médecin de la reine (105).
Belle épreuve.

546. — Harlay de Chanvallon (François de), archevêque de Paris (107). Belle épreuve.

547. — Le même personnage (108). Buste fort comme
nature. Belle épreuve.

548. Jean-Frédéric, duc de Brunswick-Lunebourg
(111). Belle épreuve.

549. — La Barde (Denis de), évêque de Saint-Brieuc (115). Belle épreuve.

550. — La Meilleraye (Charles de la Porte, duc de), maréchal de France (118). Très-belle épreuve.

551. — Lamoignon (Guillaume de), premier président au Parlement de Paris (119). Belle épreuve du 1er état.

552. — Le même personnage (121). Buste fort comme nature.

553. — Larcher (Michel), président à la Chambre des comptes (122). Belle épreuve.

554. — La Vrillière (Louis Phelypeaux de), secrétaire d'État (123). Superbe épreuve du 2e état.

555. — Le même portrait. Très-belle épreuve du 3me état.

556. — Le Boultz (Noël), conseiller au Parlement de Paris (124). Très-belle épreuve.

557. — Le même portrait. Belle épreuve.

558. — Le Coigneux (Jacques), président à mortier au Parlement de Paris (125). Belle épreuve.

559. — Le Masle (Michel), prieur des Roches (126). Belle épreuve du 1er état.

560. — Le même portrait. Épreuve du même état.

561. — Le Pautre (Antoine), architecte et ingénieur (127). Belle épreuve du 2e état.

562. — Le Tellier (Michel), ministre d'État (128). Belle épreuve du 1er état,

563. — Le même personnage (130). Belle épreuve.

564. — Le même personnage (131). Très-belle épreuve.

565. — Le même personnage (132).

4

566. — Le même personnage (133). Belle épreuve.

567. — Le même personnage (134). Très belle-épreuve
du 1er état.

568. — Le même personnage. (135). Très-belle
épreuve.

569. — Le même personnage (137). Buste fort comme
nature.

570. — Le Tellier (Charles-Maurice), archevêque de
Reims (138). Belle épreuve.

571. — Le même personnage (141). Buste fort
comme nature. Superbe épreuve avec marge.

572. — Le même personnage (142). Autre buste fort
comme nature. Belle épreuve; elle est un peu
rognée.

573. — Le Vayer (François de la Mothe), conseiller
d'État (143). Belle épreuve.

574. — Ligny (Dominique de), évêque de Meaux (144
et 145). Deux portraits·

575. — Lionne (Hugues de), secrétaire d'État (146).

576. Lionne (Jules-Paul), prieur de Saint-Martin-des-
Champs (147). Belle épreuve.

577. — Longueville (Henri d'Orléans, 11e du nom,
duc de). Belle épreuve avec marge.

578. — Loret (Jean), poëte normand (150). Très belle
épreuve.

579. — Louis XIV, roi de France (152). Très-belle
épreuve du 2e état. Rare.

580. — Le même personnage (153). Belle épreuve du
1er état.

581. — Le même personnage (156). Buste fort comme
nature. Très-belle épreuve.

582. — Le même personnage (157). Buste fort comme nature. Très-belle épreuve du 2e état (il y en a 7. Rare.

583. — Le même personnage (158). Buste fort comme nature. Belle épreuve du 3e état.

584. — Louis, fils de France, dauphin (163). Buste fort comme nature. Belle épreuve.

585. — Louise-Marie de Gonzague, reine de Pologne 164). Belle épreuve.

586. — Maisons (René de Longueil, marquis de), surintendant des finances (165). Belle épreuve.

587. — Mallier du Houssay (François), évêque de Troyes (167). Très-belle épreuve.

588. — Maridat de Serrières (Pierre de), conseiller au grand Conseil (168). Très-belle épreuve.

589. — Marie-Jeanne-Baptiste de Savoie-Nemours, duchesse de Savoie (169).

590. — Marin de la Chataigneraye (Denis), conseill° d'État (170). Belle épreuve du 1er état.

591. Marolles (Michel de), abbé de Villeloing (171). Très-belle épreuve du 1er état.

592. — Maupeou (Jean de), évêque de Châlons-sur-Saône (173). Très-belle épreuve.

593. — Mazarin (Jules, cardinal, duc de) (178). Belle épreuve.

594. — Le même personnage (182). Belle épreuve

595. — Le même personnage (183). Ce portrait est un des plus jolis du personnage. Superbe épreuve avec marge. Rare.

596. — Le même personnage (184). Très-belle épreuve.

597. — Ménage (Gilles), homme de lettres (188).
Épreuves des 1er et 2e états.

598. — Mercœur (Louis de Vendôme, duc de) (189).
Belle épreuve. Rare.

599. — Mesmes (Jean-Antoine de), président à mortier
au Parlement de Paris (192). Très-belle épreuve.
1er état.

600. — Mesme (Henri de), président à mortier au
Parlement de Paris. Belle épreuve du 1er état.

601. — Molé (Édouard), président à mortier au Parlement de Paris (193). Très-belle épreuve.

602. — Molé (Mathieu), garde des sceaux (194). Belle
épreuve; mais elle a une tache d'huile.

603. — Montpezat de Carbon (Jean de), archevêque de
Bourges (196). Très-belle épreuve du 1er état.

604. — Mouy (Henri de Lorraine, marquis de) (197).

605. — Nemours (Anne-Marie-d'Orléans-Longueville,
duchesse de) (200). Belle épreuve.

606. — Neufville (Ferdinand de), évêque de Chartres
(203). Très-belle épreuve du 2e état.

607. — Orléans (Philippe, fils de France, duc d'),
surnommé Monsieur (208). Très-belle épreuve.

608. — Payen-Deslandes (Pierre), prieur de la Charité
(210). Belle épreuve.

609. — Péréfixe de Beaumont (Hardouin de), archevêque de Paris (212). Belle épreuve.

610. — Poncet (Pierre), maître des requêtes (215).
Belle épreuve du 2e état.

611. — Regnauldin (Claude), procureur général au grand conseil (216). Superbe épreuve du 1er état avec grande marge.

612. — Le même portrait. Belle épreuve du 2e état.

613. — Richelieu (Armand-Paul du Plessis, cardinal, duc de) (218). Belle épreuve du 2e état.

614. — Sarrasin (Jean-François), homme de lettres (220). Belle épreuve avec marge.

615. — Scudéry (Georges de), membre de l'Académie française (221). Belle épreuve du 1er état.

616. — Seguier (Pierre), chancelier de France (222). Belle épreuve du 2e état.

617. — Seguier de Saint-Brisson (Pierre), prévôt de Paris (224). Belle épreuve.

618. — Servien (François), évêque de Bayeux (225). Belle épreuve du 1er état.

619. — Steenberghen (Jean-Baptiste Van), conseiller du roi au conseil de Flandre (226). Très-belle épreuve du 1er état ; elle est doublée.

620. — Le même portrait. Belle épreuve du 3e état.

621. — Suze (Louis-François de), évêque de Viviers (227). Très-belle épreuve du 1er état.

622. — Talon (Denis), président à mortier au parlement de Paris (228). Buste fort comme nature.

623. — Thevenin (Claude), chanoine de l'église de Paris (231). Belle épreuve du 2e état, et le même personnage (230) :

624. — Turenne (Henri de la Tour-d'Auvergne, vicomte de), maréchal de France (232). Très-belle épreuve du 2e état.

625. — Le même personnage (233). Buste fort comme nature. Très-belle épreuve du 4ᵉ état ; elle est un peu rognée.

626. — Bonzi (Pierre de), cardinal ; archevêque de Narbonne (R. D., app. 1). Buste fort comme nature. Belle épreuve.

627. — Louvois (François-Michel Le Tellier, marquis de), ministre d'Etat (R. D., app. 6). Très-belle épreuve.

628. — Charles-Paris d'Orléans, comte de Saint-Paul, abbé de Louvois. 2 p.

629. — Le cardinal de la Tour-d'Auvergne ; le cardinal de Coislin. 1ᵉʳ état. Mazarin. 3 p.

630. — Jacques Amelot, 1ᵉʳ état ; Nicolas Potier de Novion ; Réné de Longueil, marquis de Maisons. 3 p.

631. — François de Vendôme, duc de Beaufort ; Charles II, duc de Savoie. 2 p.

632. — Guillaume de Lamoignon ; Honoré Courtin ; Loménie de Brienne. 3 p.

633. — Charles Benoise ; André Lefèvre-d'Ormesson ; Gaspar de Fieubet. 3 p.

634. — Réné de Longueil, marquis de Maisons ; Nicolas Potier de Novion. 2 p.

635. — Le président Jeanin ; Gassendi ; Bartillat ; Marin Cureau de la Chambre ; Louis Hesselin ; le comte de Saint-Paul. 6 p.

636. **Petit** (G.-E.). Coignard (J.-B.), imprimeur de l'Académie de Paris, d'après Ant. Pesne, in-fol. Belle épreuve.

637. **Picart** (B.). Eugène-François, prince de Savoie et de Piémont, d'après Van Schuppen, gr. in-fol.
—— Belle épreuve.

638. **Pitau**. Marie-Thérèse d'Espagne, reine de France, d'après Baubrun, in-fol. Superbe épr.

639. — Lilly (Camille), historiographe, d'après J. Daret, in-fol. Très-belle épreuve.

640. — Habert (Henri-Louis) de Montmor, conseiller d'Etat, d'après J.-P. Flocquet, in-fol. Très-belle épreuve.

641. — Sanguin (Denis), évêque de Senlis, d'après Lefèvre, in-fol. Belle épreuve.

642. **Poilly** (N.). Louis XIV jeune, d'après Mignard, in-fol. Belle épreuve.

643. — Fabert (Abraham de), maréchal de France, d'après Ferdinand, in-fol. Belle épreuve.

644. — Tubeuf (Jacques), président en la chambre des comptes, in-fol. Très-belle épreuve.

645. **Pontius** (Paul). Christine, reine de Suède, représentée en costume de guerrière, d'après Juste d'Egmont. Très-belle épreuve.

646. — Philippe IV, roi d'Espagne, d'après Rubens. (Basan, 16 des portraits.) Belle épreuve.

647. — Raphaël d'Urbin. Belle épreuve avec l'adresse de *J. Meyssens*.

648. — Jacobus Roelans, assis dans son cabinet. Belle épreuve.

649. — D. Marius Ambrosius Capellus, d'après A. Diépenbeke. Superbe épreuve.

650. **Rabel** (J.). Robert Garnier, poëte tragique. In-12. Rare.

651. **Roullet** (J.-L.). Beringhen (Henri, marquis de) premier écuyer du roi, d'après Mignard, in-fol. Belle épreuve avec marge.

652. **Sadeler** (Egide). L'Empereur Matthias dans un ovale entouré de médaillons des Césars et d'allégories, gr. in-fol. Belle épreuve.

653. **Schmidt** (G.-F.). Rousseau (Jean-Baptiste), d'après Aved, in-fol. Très-belle épreuve.

654. **Schuppen** (Van). Louis XIV, roi de France, d'après Mignard, in-4. Belle épreuve.

655. — Louis XIV dans un médaillon entouré de trophées d'armes, d'après Mignard, gr. in-fol. Très-belle épreuve ; mais elle est un peu rognée en haut.

656. — Louis, dauphin de France, fils de Louis XIV, d'après de Troy, in-fol. Belle épreuve.

657. — Lefèvre de Caumartin (Louis-François), conseiller d'Etat, d'après de Troy, in-fol. Très-belle épreuve.

658. — Houel (Charles de), chevalier, baron de Mortainville, d'après Vanmol, in-fol. Très-belle épr.

659. — Hindret (Jean), receveur des consignations, in-8. Très-belle épreuve.

660. — Pierre de Marca, archevêque de Paris, d'après Van Loo, in-fol. Très-belle épreuve ; les armoiries sont coloriées.

661. — Marie-Jeanne-Baptiste de Savoie, duchesse de Savoie, princesse de Piémont, reine de Chypre, d'après Beaubrun, in-fol. Très-belle épreuve.

662. — Este (Rainaldus d'), cardinal-évêque de Reggio, in-fol. Superbe épreuve.

663. — Chevalier Borri, d'après J. Ovens, in-fol. Très-belle épreuve.

664. — Maximilien-Henri, archevêque de Cologne, beau portrait, gr. in-fol. Très-belle épreuve.

665. — François Villani, évêque de Tournai; Gilles Ménage. 2 p. in-fol.

666. **Simon** (Pierre). Seiglière de Boisfrant (Joachim), trésorier général et surintendant des bâtiments de M. le duc d'Orléans, gr. in-fol. Très-belle épreuve.

667. — Bailly (Guillaume), avocat général au Grand-Conseil, in-fol. Très-belle épreuve.

668. — Hotman (Vincent), intendant des finances, in-fol. Belle épreuve.

669. **Sompel** (Pierre Van). Gaston d'Orléans, d'après Van Dyck. Très-belle épreuve avant le numéro.

670. **Stock** (And.). Albert Durer, célèbre peintre et graveur, in-4. Belle épreuve.

671. **Strange** (R.). Les Enfants de Charles 1er, en pied, d'après Ant. Van Dyck, in-fol. Belle épreuve.

672. **Surugue** (Pierre-Louis) Guillain (Simon), sculpteur du Roy, d'après N.-A. Coypel; in-fol. Belle épreuve.

673. **Suyderhoëf** (Jonas). Samuel Ampsing, d'après F. Hals (J. W. 6.) Très-belle épreuve du 2ᵉ état avec l'adresse de C. Banheynigh.

674. — Johann Beenius, d'après Van Uliet, (10). Superbe épreuve. — Le même portrait, Belle épreuve.

675. — Marcus Zuerius Boxhorn, d'après Dubordieu, (14). Très belle epreuve du premier état, avec l'adresse de *J. Lanuyck.*

676. — Ferdinand III, Empereur des Romains, d'après Soutman (27). Superbe épreuve du premier état; avant le numéro.

677. — Daniel Heinsius (35). Très-belle épreuve avant l'adresse de H. Allardt.

678. — Johann Hoornbeeck (40). Très-belle épreuve avec la première adresse de *P. Goos.*

679. — Jacob Maestertius, d'après Van Nègre. (51). Très-belle épreuve du premier état, avec l'adresse de *J. Lanuyck.*

780. — Maximilien, archiduc d'Autriche, d'après Rubens. (54). Très-belle épreuve du premier état, avant le numéro.

681. — Franz Moncada, d'après Van Dyck (B. 57). Belle épreuve avec marge.

682. — Moritz Von Nassau, d'après Soutman, (58). Belle épreuve du premier état, avant le numéro.

685. — Philippe 1ᵉʳ, duc de Bourgogne. (63). Superbe épreuve du premier état, avant le numéro.

684. — Philippe II, roi d'Espagne, d'après Ant. Mora. (64). Très-belle épreuve.

685. — Philippe III, roi d'Espagne, (65). Très-belle épreuve.

686. — Godard Van Rede. (69). Belle épreuve du 2ᵉ état.

687. — Friedrich Spanheim, d'après Dubordieu. (83). Très-belle épreuve du premier état, avec l'adresse de *C. Banheinningh.*

688. **Tardieu** (J.). Oudry (Jean-Baptiste), peintre, d'après Largillière, in-fol. Très-belle épreuve avec toutes marges.

689. **Tardieu** (N.). Bon de Boullogne, peintre, d'après Allou, in-fol. Belle épreuve avec marge.

490. — Coypel (Charles), enfant dessinant, d'après Ant. Coypel. Belle épreuve.

691. **Valck** (G.). Ortance Mancini, duchesse de Mazarin, d'après P. Lely, in-fol. Très-belle épreuve.

692. **Vermeulen** (C.). Louis XIV en cuirasse, d'après Gueslin, in-fol. Très-belle épreuve.

693. — Mignard (Pierre), célèbre peintre, d'après lui-même, in-fol. Très-belle épreuve.

694. — Maximilien-Emmanuel, palatin du Rhin, d'après Vivien, in-fol Belle épreuve.

695. Bardo Bardi Magalotti, gentilhomme florentin, d'après Largillière, in-fol. Très-belle épreuve.

696. **Vertue** (G.). Portraits des rois d'Angleterre: Alfred-le-Crand, Richard 1er, Richard II, Édouard II, Henri 1er, Henri II, Henri IV. Sept portraits, in-fol.

697. — Portraits de Henri VII et de Elisabeth, sa femme; Henri VIII et Jeanne Seymour, sa femme, en pied, d'après Holbein, gr. in-fol. Obl.

698. — Thomas Chancer; Herman Cortès d'après Titien. 2 p., in-fol. Belles épreuves.

699. **Visscher** (Corneille). Portrait de Jean de Paep. (Catalogue de M. Smith, 111). Très-belle épreuve.

700. Janus Dousa (132). Belle épreuve du deuxième état, avant que le numéro ait été effacé.

701. **Vosterman** (Lucas). Thomas Howard, d'après Hans Holbein. Belle épreuve.

702. — Nicolas Rockox, assis dans son cabinet, d'après Ant. Van Dyck. Très-belle épreuve avant la lettre. Collection Archinto.

703. — Isabelle d'Este, marquise de Mantoue, d'après le Titien. Très-belle épreuve.

704. **Wierix** (Jérôme). Jeanne d'Albret, reine de Navarre, in-4°. Très-belle épreuve. Rare.

705. — Balzac (Henriette de), marquise de Verneuil. Beau portrait in-fol. Belle épreuve avec *Paul*es *de la Houue excudebat au pallaes a Parys*.

706. — Marguerite d'Autriche, femme de Philipde III, roi d'Espagne. Charmant portrait in-4°. Magnifique épreuve. Très-rare.

707. — Orléans (Louis d'), avocat au Parlement de Paris, insigne ligueur, d'après Oth. Vœnius, in-4°. Superbe épreuve du premier état avant les changements dans l'inscription. Rare à rencontrer en cet état.

708. — Michel de Lhopital, chancelier de France, in-fol. Belle épreuve.

709. **Wierix** (Jean). Philippe-Guillaume, prince d'Orange, comte de Nassau, in-4°. Superbe épreuve.

709 *bis*. — Le même portrait. Très-belle épreuve.

710. — Frédéric Otho, in-4°. Très-belle épreuve.

711. — **Wille** (J.-G.). Woldemar de Lowendal, maréchal de France, d'après Quentin de La Tour, in-fol. Belle épreuve.

712. — Marie-Thérèse d'Espagne, dauphine de France, d'après Klein. in-4°. Belle épreuve.

713. — Hofman (Tycho), secrétaire de la chancellerie des rois de Danemark et de Norwège. Charmant portrait in-4°, d'après Tocqué. Très-belle épreuve avec l'inscription en latin.

714. — Eudes de Montreuil, architecte; Pierre Erode; Henri de Gondy; J.-B. Colbert. 4 p. in-4°.

715. — Sigismond Bathori; Turenne; Christian II, duc de Saxe; Mergitele, poëte, etc. 6 p. in-4° et in-8°.

LIVRES SUR LES ARTS

716. Dictionnaire des graveurs, par Basan. Paris, 1767. 2 parties en 1 vol. in-12, veau.

717. Les Chefs-d'œuvre de l'art chrétien, par M. J.-G.-D. Armengaud. Paris, Lahure, 1858. In-4°, figures sur bois, cart.

718. Histoire de la vie et des ouvrages de Raphaël, par M. Quatremère de Quincy. Paris, Adrien Leclerc, 1833. In-8°, broché.

719. Canova et ses ouvrages, ou Mémoires historiques sur la vie et les travaux de ce célèbre artiste, par M. Quatremère de Quincy. Paris, Adrien Leclerc, 1834. 1 vol. in-8°, grand papier, broché.

720. Louis David, son école et son temps. Souvenirs par M. E.-J. Delécluze Paris, Didier, 1855, broché.

721. Etudes sur les beaux-arts en général, par M. Guizot. Paris, Didier, 1852. In-8°, broché.

722. Les Musées d'Italie, par Louis Viardot. Paris, Paulin, 1842. In-12, broché.

723. Les Musées d'Allemagne et de Russie, par Louis Viardot. Paris, Paulin, 1844. In-12, broché.

724. Trésors d'art exposés à Manchester en 1857, par W. Burger. Paris, v° Jules Renouard, 1857. In-12, broché.

725. Mémoires sur la vie de Nicolas Poussin, par Maria Graham. Paris, Pierre Dufart, 1821. In-8° broch.

726. Catalogue de la riche collection d'estampes et de dessins composant le cabinet de feu M. Van den Zande, rédigé par M. Guichardot. Paris, 1855. In-8°, broché.

727. Catalogue des Ventes Verstolck de Soelen, Delamotte, Fouquet, Thibaudeau et autres. Livret de l'exposition de Marseille en 1861 ; les Beaux-Arts en Europe, par Théophile Gauthier. 15 brochures.

Renou et Maulde, imprimeurs de la Compagnie des Commissaires-Priseurs, rue de Rivoli, 144.   38542

le cheval de la mort — 700
Callot — 35
Bonasone — 55
Bartsch — 35
Rembrandt (34) — 220
d'Vienne — 150
79
Dujardin — 90
Visscher — 100
— 200

1575
3052
1477